# 莫失莫忘

### 一位教師記二零一九年香港的盛夏到嚴冬

版權所有©張銳輝2024
保留所有權利

未經作者事先書面許可,本出版物的任何部分均不得以任何形式或方式複製、分發或傳輸,包括複印、錄製或其他電子或機械方法,除非是在批評評論中體現的簡引用以及版權法允許的某些其他非商業用途。如需獲得許可,請與作者聯繫。

| | |
|---|---|
| 致意 | 1 |
| 潘序 | 4 |
| 周序 | 7 |
| 自序 | 10 |
| | |
| 莫失莫忘 | 12 |
| 逃犯條例傷了香港 | 14 |
| 光州民主課 | 16 |
| 對抗遺忘 | 18 |
| 6月9日上街去 | 21 |
| 聯署後再上街 | 23 |
| 愧對年青人 | 26 |
| 寄語香港的成年人 | 28 |
| 政府才最暴力！ | 30 |
| 君子坦蕩蕩 | 32 |
| 連儂隧道 | 35 |
| 元朗慘案！ | 38 |
| 警察才是暴力之源 | 40 |
| 離不開，回不了 | 42 |
| 美與醜 | 44 |
| 還去內地交流嗎？！ | 47 |
| 沉重的開學日 | 50 |
| 不能習慣荒謬！ | 52 |
| 今天，說實話都要勇氣 | 54 |

| | |
|---|---|
| 真獨裁迎十一 | 56 |
| 不再問責沒有公僕 | 58 |
| 暴警治港 | 60 |
| 活在恐懼之中 | 62 |
| 要走更遠的路 | 64 |
| 三百萬票換來一刻平靜 | 66 |
| 原本美麗的香港 | 68 |
| 不應有禁歌 | 70 |
| 《返校》香港版 | 72 |
| 新年，快樂？ | 74 |
| | |
| 跋 | 76 |
| 英雄本色 | 77 |
| 關於作者 | 80 |

## 致意

感謝小濤及周博真摯感人的序言。

感謝「尊貴」的題字、Kit的相片。

感謝趙老悚慨贈文。

感激芳一直在身旁給予支持。

希望希能從此書，更了解爸爸在一九年為何如此糾結。

獻給今天依然勇敢仍然堅持的香港人

# 潘序

## 風雨如晦與君同行

認識張銳輝逾三十年，而認識他的第一天起就覺得他沉穩冷靜的同時，關心社會，追求公義。這些情懷風骨終於如一，看完此書更覺如此！

收到書稿，一口氣看完，不經不覺眼睛模糊濕潤了。書中記錄的不少人和事，從 1989 年的八號風球維園集會，到 2019 年的 612、大埔連儂隧道、721 元朗慘案、大埔火車站學生被警察無辜痛毆、理大圍城⋯⋯，幾乎都是我親歷其中，或知之甚詳，如今讀之歷歷如在目，那悲憤、失望如錐心之痛重現，不禁掩卷嘆息。

那是一場波瀾壯闊的抵抗運動，是港人捍衛香港的背水一戰，卻未竟全功。這四年多，我一直在逃避它，不想記起，更沒勇氣翻看當日的圖片、短片、報道，甚至自己寫過的文章、在社交媒體出過的貼文，也不忍再讀。那是內心的一塊瘡疤，害怕撕開結痂之後就是鮮血淋漓，就會看到無數年輕人過去幾年受盡折磨，而不少敬重有加的前輩好友、舊

同事身陷囹圄，自己卻無能為力，倍感愧疚難過！看了此書，回想那些片段、憶起蒙難舊友，久久難以釋懷。

此書除了引起我們共鳴，還提供觀察這場運動新的視角。作者是資深教育工作者，他的不少學生或舊生不同程度捲入運動，而學生又是重要參與者，在第一線受到直接衝擊，作者不僅對他們寄予無限同情，對他們的行動予以理解，更有不少篇章寫出學生的看法、想法同感受，這些都是外界較少注意的。《沉重的開學日》開首就說，「我們許多學生，這個暑假傷得很深。他們突然發覺生活在一個令人惶恐、沒有安全感的世界……開學日見到不少學生，都變得戒心高了和神經質了。面對成人時，即使是以前很熟絡的老師，都容易觸發不信任的情緒，縱使老師反覆解說與承諾，有些同學仍怕表達立場會惹來「『秋後算賬』。這份隔閡像傷口初癒的厚痂，教人心疼。」短短幾行字，盡見一個老師對學生的關愛和憐惜。

正如文首所說，作者本是溫和冷靜的謙謙君子，但面對無日無之的警暴，也怒向筆生拍案而起，發出連串嚴厲詰問：「誰在鏡頭前向被捕者施虐，一個又一個被捕者被人壓頸壓胸拗腕臉頰磨地未審先判？還未計在鏡頭背後被毆被虐的。誰像發瘋癲狂歇斯底里地與市民、記者，甚至是消防員

對罵，然後一言不合，拿手上的『合法武器』如警棍如胡椒毒劑去指嚇甚至去傷害他人？⋯⋯誰將胡椒毒劑噴向手持鏡頭的記者，阻止大眾的眼睛看見真相？」盡見作者的風骨及人文精神，這仍是我熟悉的張銳輝。

「立身行道，始終如一。風雨如晦，雞鳴不已。」這是南梁簡文帝蕭綱在《幽繫題壁自序》的幾句話，意即在風雨交加天昏地暗的險惡黑夜中，也要始終如一的毋忘初心、不改操守。以此形容作者，恰當不過。又，「風雨如晦，雞鳴不已。既見君子，雲胡不喜。」(《詩經》•〈鄭風•風雨〉)，在如此險惡及令人沮喪的處境中遇見你，讀到閣下的文章，怎能不滿心歡喜呢？

香港人，縱有千般痛萬般苦，敬請繼續櫛風沐雨砥礪前行！

潘小濤
2024 年 2 月

# 周序

　　認識張銳輝已有三十五年,首次詳談是在 1989 年港大學生會「組庄」的茶敍上,當時他打算出選下屆會長,與計畫競選內務副會長的同學,欲知我競逐外務副會長的意向。談了良久,了解過職務的使命、要求和挑戰後,時為法律學會「外副」的我躍躍欲試。可是考慮到擔任學生會職務須休學一年,會延遲畢業,最後退卻了。縱使我跟銳輝未能成為「庄友」,日後的交往(直至近年)亦不算頻繁,但他在那次茶敍所顯現的思路清晰、言詞有力、眼神堅定,至今記憶猶新。

　　那位出選內務副會長的同學,正是本書提到於 2021 年被捕、至今案件未審但已被還押兩年多的傳媒人。他是我的高中同學、大學畢業後同住數年的室友,我最好的朋友。當年兩個「麻甩仔」租住斗室,共渡不少荒唐時光,例如嘗試用微波爐「叮」乾衣物、煮飯後忘記清理飯煲以至「哮」出七色霉菌、移開傢俬時發現已乾涸的小貓嘔吐物等,現在回想起來,笑中有淚。

美好的事物往往令人印象深刻，痛苦的回憶，則寧願遺忘。例如年少失戀的往事，回憶時好些段落會「斷片」；初出茅廬首份工作做事之錯漏百出，不堪回首；2016 年參選立法會時所見識過的某些嘴臉，朋友提起時我竟然記不起來；2019 年反送中抗爭的新聞片段，觸碰時仍是痛得看不下去。或許出於自我保護的需要，我們下意識地壓抑某些創傷和陰影，以免不斷受到折磨。然而有些事未能忘記，亦不能忘記，否則製造這些痛苦記憶的根源會不斷滋生和蔓延，悲劇亦會不斷重演。當大環境教人動彈不得和奄奄一息時，「不忘」便成為基本責任。

抗拒遺忘，是多麼違反自然和自虐，很費力，也要決心。幸而銳輝的文字，在引領我們重臨 2019 下半年的慘烈場景之餘，提供了一個比較軟性的校園視角，提醒我們多上街的，其實是普通學生，叫喊的，亦是普通老師。學生在那個夏天過後須回校參加開學禮，重投不知可否再信賴的成年人世界；老師要思考是否再辦內地交流團，以及如何跟學生討論當下的社會衝突。當文章描述到作者在某次遊行做着什麼時，讀者也不禁回憶自己當時在同一場合在做另外的什麼，就好像有個平行時空那樣，令記憶更立體，更有血有肉。銳輝的文字充滿着對年輕人的關愛，彷彿在瘋狂的世界中向他們輕輕耳語：即使當權者斥責仗義挺身的人「泯滅人性」，讚

揚斬人者擁有「高尚情操」，人間仍是愛、有理性的。輕柔的耳語仿如在安慰年輕人先別絕望。

如果「莫失莫忘」是我們必須喝下的一劑苦茶，盼本書是顆使之較易入喉的嘉應子。

周博賢

2024 年 2 月

# 自序

　　當年匆匆離開，丟棄舊電腦前將文章相片存檔，竟不小心只儲存至 2019 年初，2019 年中之後的都去如流水，似乎上天都想我只留下美好香港的記憶。

　　尚幸當時在報章每周刊登一篇短文，電郵寄給編輯的文稿仍在郵箱中，如今逐一翻看，又再思緒翻滾。

　　五年過來，原來是從黃昏走向深夜，但夜，總要有盡頭，惟願在破曉之時，仍未曾忘掉在黑夜重壓前的掙扎。

　　莫失莫忘。

整理於 2024 年

# 莫失莫忘

2014年9月28日早上一覺醒來,看電視新聞才知道,戴教授凌晨宣布「佔領中環」正式啟動。但其實學聯和學民思潮的同學們,已一直在政總門外集會。

當天中午來到金鐘,想到政總去集會的人群擠得水泄不通,警方卻封鎖了通往政總的所有通道,數以千計的人群只能聚集在夏愨道南邊,卻不能到政總去;結果,部分市民走出了夏愨道,希望直接橫過馬路到政總,警方見難以驅趕大量湧出的市民,也就為保安全而截停了往來車輛,但仍不讓過了馬路的往政總去,一些市民就停在路上,堵路的結果是如此出現了。

傍晚,第一顆催淚彈發射了,然後一顆,又一顆,又一顆……看見身邊許多人掩着鼻哭着走,已分不清是嗆鼻還是痛心。收到多個電話和 WhatsApp,好幾位從未參與過示威遊行的同事,都已到中環金鐘來,因為看到警察竟然用催淚彈,覺得不得不走上街頭。

那是個許多香港人無眠的晚上,有人在家中忐忑,有人在街上舉傘。第二天,再有許多學生罷課,為的是就政府向爭取民主而完全沒有暴力行為的市民,採取施放催淚彈如此激烈的方式,表達強烈不滿。

　　然後,有人在沒有車的路上開民主課、演說、溫習、唱歌……他們不一定知道戴耀廷、陳健民或是朱耀明是誰,他們只知道政府不讓香港人有真普選,更反過來用催淚彈、用胡椒噴霧傷害爭取的人們,是為不義。如果說走上街頭的人被煽惑了,是對香港人的侮辱。

2019 年 4 月 24 日

# 逃犯條例傷了香港

　　星期五晚上，曾猶豫是否仍去集會，但當腦海浮現局長說修例為「彰顯公義」、司長說遊行人數多寡並非重點、特首指不修例是鴕鳥時，就怒上心頭：完了學校活動匆匆吃個麵包集會去。

　　台灣早說了不同意用修訂逃犯條例的方式，移交殺人案的疑犯。早前 13 萬人上街後，連一些親建制的傳媒、商人、學者、議員，都回應了市民對移送內地受審的憂慮，以及對處理台灣殺人案的迫切性，提出了不同的折衷方案。然而，政府鐵石心腸寸步不讓，明知社會將更加撕裂，也要憑藉立法會中建制議員的絕對多數去硬過法例。

　　溝通之門關上了，只能訴諸對峙較勁。

　　工作天晚上的集會，原以為人不會多，匆匆準時趕到，人群卻已站滿了立法會外的行人路，幾乎看不見路終的大台。這晚人群把李家超、林鄭罵得比遊行時還要狠，不是因為對「送中」的憂慮（坦白說，常年在內地游走的商人應該

更擔心!），而是對政府消費公眾對殺人案的同情、斷送港人安全與權利的憤怒。

　　星期六議會中的肢體衝突，一如所料地在市民之間反應兩極：不滿「議會暴力」的人們很憤怒，不滿「制度暴力」的人們卻樂見拉倒了會議。面對如此撕裂，如何解說如何溝通？一張解說逃犯條例影響的造圖，短短數小時有過千個分享，反映了大家心裏多麼想向其他人說清楚問題所在。

　　一條條例，再次撕裂香港人，可悲。

2019 年 5 月 15 日

# 光州民主課

每年 5 月 18 日前後,都會抽點時間,告訴學生 1980 年發生在韓國光州的事情。

年青人印象中的韓國就是韓流時尚,政治上就是個民主國家,畢竟總統是選出來的,沒想過不多久之前,這個國家也曾屠殺過人民。

展示光州的照片,學生初時以為是六四:有軍人、有坦克、有示威、有死傷。不過慢慢發覺景物不太熟悉,尤其那擠滿集會人群的不似天安門廣場,卻是一個圓形的迴旋處時,有同學提起了早前的電影「逆權司機」,就猜到這是韓國了。

然後讓他們看 2009 年電影「華麗的假期」的預告片,雖只是短短三分鐘,但已能透過主人翁的遭遇,將光州事件整個過程扼要地說清楚,再加上悅耳的主題曲及攝人的配樂,原本嬉笑吵鬧的課室,預告片結束時是一片肅穆;其中軍隊向著手無寸鐵的示威群眾開槍一幕,有些同學眼眶都紅了。

民主不是天掉下來的。自己年少時對韓國的印象之一，就是新聞片中常見有民眾示威，軍警施放催淚彈，拿長棍追打示威者。長大後知道光州人民曾起義式與軍隊對抗，即使最後被武力鎮壓，國內爭取民主的社會運動仍然不絕。

　　在光州屠殺人民，韓國政府曾經絕口不提，光州人曾被視為叛亂暴徒。如今，每年 5 月 18 日，韓國總統都會親臨光州，出席紀念儀式，永遠記住為爭取韓國民主而犧牲的每一個名字，永遠記住民主的道路是如何走過來。

2019 年 5 月 22 日

# 對抗遺忘

剛過去星期天的六四遊行，同行的老師，原來是八九年出生。

想起了三十年前的故事。

1989年5月19日深夜，北京宣佈戒嚴，解放軍可能入城鎮壓學生，港大學生會緊急呼籲各校園舍堂行動。凌晨，七百港大學生，在三號風球下從港大走到灣仔新華社。大雨滂沱中高叫「李鵬下台」，微鹹如淚的雨水不斷流進口裏，那份苦澀至今難忘。回程乘小巴回港大，司機見我們手拿橫額混身濕透，也就揮一揮手不收分文車費。

當天下午，再有呼籲群眾到維園集會，那刻已是八號風球高懸，港大校園再次聚集了幾百學生，仍未通地鐵的港大已沒有公共交通可乘，但暴風雨下走路到銅鑼灣實在危險。不久，聽到電台呼籲有車的市民到港大接載學生；未幾，風雨下本已行車疏落的薄扶林道，竟出現了長長的車龍，相信都是住在附近半山區的「有車階級」，我們就是乘搭自發義載的汽車到維園去。我坐上的私家車，駕車的是一位約三十多

歲的男士，駕駛席旁的座位早已坐了一位年紀相約的女士，大概是兩夫妻吧。我們上車後禮貌地寒喧，男士告訴我們說：「太太懷了身孕，不放心她一個人留在家裏；而她又不放心我一個人在颱風下駕車出來，於是就一起來接你們了。」

當年太太腹中的孩子，已是身旁並肩工作老師的年紀。平反的路仍漫漫，但事實不容遺忘。

2019 年 5 月 29 日

©香港市民支援愛國民主運動聯合會

# 6月9日上街去

― 趙老

張銳輝寫三十年前的往事，對抗遺忘，勾起我的回憶。1989年5月20日，響應呼籲，到港大接載同學，只能坐四人的破舊小車，擠上了六七人，堅定默言，在暴風狂雨下，趕往維園抗議，前後走了三轉，才加入集會，大雨滂沱，淚水汗水混在其中，簌簌而下；五萬市民悲憤莫名，緊握拳頭，狂呼「李鵬下台」，響徹雲霄，此情此景，歷歷在目。

怎也無法原諒以軍隊驅動坦克，用機槍火炮，鎮壓和平集會，視人民生命如草芥的獨裁政權。

三十年來，六四的一夜，都在維園悼念，從不間斷，未能忘懷，也是控訴。

幼時家貧，父為漁市場工人，一家八口，瑟縮在板間房內，生活艱苦，還左拼右湊，接濟鄉間更苦的親友，感透了人民的苦難，種下追求民主的烙印。

1979 年開放，已為人師，十年間，走遍神州大地，尋文化瑰寶，嘗人民疾苦，是心底的愛，不是忽然、諛媚、親權貴的「愛」。

槍聲震碎了愛。自此，踏上了荊棘滿途的民主路。儘管路不好走，崎嶇不平，仍堅持和平理性，民主回歸。

確實太天真，相信一國兩制，原來人大隨時釋法，政權肆意檢控，把持異見的關入牢中。更甚的，威權政府的官員、代言人，巧言令色、謊言惑眾，已到無所不用其極的地步。

立送中惡法，就是要人人自危，活在無聲的國度中。6 月 9 日，上街去。

2019 年 5 月 30 日

# 聯署後再上街

上星期許多以中學校友身份發起的網上聯署，反對修訂逃犯條例。很快就看到母校的聯署，發起人是不認識的師弟；查看聯署者，遠至六十年代創校時的大師兄師姐到今天仍在校的學生都有，當然還有好些舊同學的名字，久未見面卻不約而同網上重聚，情懷未變，志向未變。

沒想到，過了幾天竟收到了聯署發起人的電郵，信中表達了對當今法治政局崩壞的痛心，同時娓娓道來母校的啟蒙，加上初出茅廬時任教中學受開明自由氣氛的薰陶，從而孕育出獨立思考承擔社責的心志。尚幸香港不少中學，仍然是可以孕育理想，明辨是非，讓學生畢業後能心有所繫的地方。

自己任教的學校也有校友發起聯署，幾位原本並不熟悉、畢業時間相差十多年的校友，為了抗爭發聲走在一起，撰寫了鏗鏘的聲明，收集了七百多個具名聯署，更已集資刊登廣告，成就了一次跨年級的校友動員。

明天、後天，一些報章上可能重現大量仿如三十年前聲援北京學生的聲明廣告，只是今天的卻是港人對抗恐懼免受內地引渡的聲明，從聲援到自救，標誌著香港政治環境的倒退，何其悲涼。

　　有人會說，縱使聯署再多，遊行人數更盛，條例還不是照樣通過。但同路人能走在一起相互支持共同打拼，是鞏固與極權長久對抗的力量。6月9日，如果政府對數十萬上街群眾仍無動於衷，那本質上就與當年鄧李楊集團無異吧。

2019 年 6 月 5 日

莫失莫忘

# 愧對年青人

　　星期日，從下午二時開始站在軒尼斯道街頭，三時遊行的隊頭經過後，遊行人士絡繹不絕，密密麻麻填滿六條行車線，直至晚上九時多才稍見疏落。誰說沒有百萬人上街？因為說的人根本不在現場！

　　以為是跟上龍尾，走到灣仔回看又已看不到人群的盡頭。來到金鐘，已是十時多了。因為第二天早上還要上課，也就沒有走往政總，在夏愨道天橋下的路口準備往中環方向離去，看到許多遊行人士，就三三兩兩累了坐在已封閉了沒有車的馬路上，聊天休息看手機，當中大部份都是年青人，此情此景如此熟悉：好像五年前的風景。

　　回家上網看新聞直播，數百年青人與全副武裝的警察衝突，看著只覺心痛：誰把年青人推向死角？誰不想擁抱未來？最後政府卻連聆聽一下百萬人叫喊的勇氣都沒有，怎教抱有理想的年青人不失望？

　　第二天，幾位舊生不約而同回到學校找老師傾計，都因為遊行過後許多想法積壓心頭，希望有人聆聽有人疏理。有

第一次參與遊行的舊生深受觸動，但拖著疲乏的身軀回家後，聽到政府繼續二讀法案的回應，茫然若失。另一位舊生遊行完後留在政總不願離去，親眼目睹和他一樣的大學生年青人，如何留守如何衝突，最後被警察圍捕，憤怒又無助。

一個與世界進步文明接軌的國際城市，卻要實行威權式的管治，終需要付出代價。

2019 年 6 月 12 日

# 寄語香港的成年人

　　星期五下午開始，近萬計年輕人為主的示威者包圍警察總部，越夜氣氛越見緊張，只怕不論年青人還是警察任何一方按捺不住，就會釀成比612更嚴重的衝突，吃虧的肯定是手無寸鐵的示威者。

　　整夜憂心忡忡，幸好，年輕人沒有令人失望，午夜過後決定撤離。不過就撤回法案、獨立調查的訴求，仍如泥牛入海，於是，年青人們選擇在上班日堵塞政府部門。然後，開始有人說年輕人擾民、得一想二、不懂見好就收、諸如此類。不過，也有中年朋友說：要不是年輕人612站出來吃催淚彈，逃犯條例早已經通過了。

　　這教我想起呂大樂教授寫於十二年前的《四代香港人》。

　　第一代香港人：經歷二戰的一代，我父母的一代人，不一定接受新生事物，但都能忍住，沒有給予太大阻力，至少表面上對不喜歡的事物視若無睹，會多一點容忍，會給年青人機會、空間。他們認為前人沒有必要為後人打點一切。

這份寬容，就為今天仍主宰香港社會的五六十歲第二代香港人，開拓了宏大的發展空間。

可惜，第二代香港人享受了機會與成果後，卻未有如他們的父母輩一般，對年輕一代表現同樣的包容，反而想了很多辦法去悶死下一代。教授早在十二年前已寫下這樣的評語。

今天香港政府仍充斥著早已日薄西山的「第二代香港人」。容不下年輕人，社會只會繼續老朽蹣跚。

2019 年 6 月 26 日

# 政府才最暴力

七月一日走到中環已近晚上七時，還是再往政總去看看年輕人。

夏愨道早已堵了，滿是黑壓壓的人群，成千上萬。一條運送物資的人肉輸送帶，由港鐵站外一直通往添美道與警察對峙的前線。前線有何需要，人群就以最原始的叫喊傳遞所需，於是，「頭盔頭盔」、「索帶索帶」等如口號般的叫聲不斷。四周的人都戴上了口罩，但從稚嫩的眼神、清脆的聲線、矯捷的身手，看得出都是年輕人。沒有領袖指揮，但每一個參與者那份投入、那份齊心、那份義無反顧的付出，在其他地方都看不到。聽說612時已有類似的支援，自己第一次親歷其中，有說不出的觸動與愧疚。

及至深夜網上見到年輕人衝進了立法會，挑了三位建制派立法會主席的畫像去破壞、在牆上噴寫標語、破壞監控鏡頭等等，以更激烈的方式，去表達他們對扭曲的民意代表、不民主的政治制度、無知無感的政府的不滿。看著更擔心、更心痛。

擔心是年輕人會否再一次被暴力對待，尚幸最後能理性地全身而退。心痛是年輕人又會被不分輕重、只懂看吸睛影像的人說成是暴民暴徒，再一次傷害年輕人愛惜香港的真心。

打個苦澀的比喻：女士將被強暴了，早前反抗時被凶徒打得遍體鱗傷，大家才驚覺凶徒的不是，凶徒只道個歉了事，卻沒停止施暴，現在女士再狠狠踢了凶徒一腳，難道我們仍譴責女士太暴力？

2019 年 7 月 3 日

# 君子坦荡荡

612，不少老師和社工，知道了自己的學生和「細路」，原來正身在金鐘，但電話 WhatsApp 都無法勸回甚至無法聯絡之時，惟有匆匆趕往現場「執仔」，然後就經歷了人生的一次洗禮。

自己沒有親赴現場，但與曾到金鐘「執仔」的同工或是吃過催淚彈的年輕人傾談，無一不對防暴警察的粗暴猶有餘悸，也對一些警察不為驅散人群，卻以射擊或毆打示威者為目的的行為咬牙切齒，這些都有不少新聞片段成為佐證。因此，自己也明白氣憤難平是人之常情，老師在面書上換個頭像，舒一口怒氣，不過是對受棍毆彈傷的年輕人一丁點的支持吧。

或者，應怪身兼公職的老師，氣上心頭之時未有停下來冷靜一下，但現在老師已即時承擔責任辭掉相關公職。而我所認識的老師，即使立場鮮明，教學與評卷都是中肯持平而專業，同時深受學生愛戴又獲得同工尊重。若非如此，在今天氣氛下一早已被人引證評擊批鬥，而不可能擔任教育公職多年至今吧。

老師的錯，可能正是過於坦蕩蕩。多少人表面拒不表態，然後卻以權以位壓抑異見，欺負年輕人，甘作當權者的附庸，不更長戚戚嗎？！

　　民怨沸騰已個多月了，關心香港社會的，誰不焦躁？無能的政府卻繼續坐視無為，將市民與警察置於對立面，將無助的年輕人推向絕境，如果有人仍只懂狙擊網上咒罵一句的老師，是真膚淺？還是為政府卸責？

2019 年 7 月 10 日

# 連儂隧道

一個多星期前，大埔港鐵站前的行人隧道，有人開設了連儂牆，粉色的便利貼加上有血有肉的手寫的字句，看著看著令人原本繃緊的情緒，慢慢地放輕鬆。

一星期後，連儂牆變成了連儂隧道，從港鐵站入口綿延幾百米到另一端的出口，便利貼貼得密密麻麻，好不壯觀。連儂隧道變成了大埔的「名勝」，不少路過行人會駐足細看，假日更有不少慕名而來的「觀光客」。

連儂牆上，當然以反送中批評政府的訊息為主，但偶然也會見到撐警的標語。一天，在近港鐵站出口處，一位胸口掛著「打倒香港紅卫兵」紙牌的伯伯，中氣十足地向著路人喊口號。看守連儂牆的年輕人見伯伯沒有進一步行動，也就相安無事，各據一方。再往隧道裏走，見到另一位身穿紅色T恤的伯伯，捉著駐足觀看貼紙的市民說個不停。細看其衣背，印著「毛主席万岁」五個小字，也就估計到伯伯的政治立場了。可愛的是：兩位伯伯肯定不能接受隧道內的觀點，卻又可以和而不同又互相尊重，營造了香港美麗的風景。

昨天一批不明人士將大量多國國旗，覆蓋在原本貼滿便利貼的牆上。過後，當有人想撕走國旗還原時，卻有人呼籲保留國旗，只將新便利貼蓋上去就可以了，因為連儂牆正是自由表達意見的地方。「拆一貼十」的豪語，更反映了對抗極權的柔韌。

　　平民百姓都懂得包容，特首高官卻不斷挑動仇恨，何其可恥。

2019 年 7 月 17 日

# 元朗慘案

又是一個累人無眠的星期天。

都說老天是黃絲：星期六還是風雨如晦，周日是雨過天清，艷陽天下與數十萬同途走著熟悉的路。晚上，頭盔口罩青年走進熱鬧的食店，有人經過拍個膊頭，也有人白眼不滿，依舊生活如常。

想不到質變卻在元朗。其實早幾天網上已經瘋傳，元朗有人組織襲擊參與周日示威後回家的市民，但警方竟對預先張揚的暴力放任怠工，不但未有加強巡邏，反而淘空區內警力：警署關門、999無人接聽，縱容上百上千暴徒在西鐵站內不分老少見人就打，最後首先到場拯救傷者的，竟然是兩位消防員，身為警察的，不知醜嗎？先不說網上流傳的警黑合謀流言，單是無力保護數以百計無辜市民生命安全，慘被暴徒施襲個多小時，警方或政府決策層已必須有人掉官下台，否則如何能再談問責？

第二天，許多親歷慘案現場的市民，在電視、電台、網絡上回憶當時的恐懼、無助及至憤怒，許多人說到顫抖，痛

極而泣，就連電台主持人也按不住情緒：為何我家香港竟被踩躪如斯！

信任的消失，不是特首走出來譴責兩句可以補救得了。星期一的元朗死城，連政府機構都信不過警方有能力維持治安，提早關門讓員工入黑前安全回家，全民對政府管治能力的信心崩潰，不處理，只會不斷惡化。

五大訴求現在要再加上嚴懲 721 暴徒，調查警方失職責任，否則民怨難消。

2019 年 7 月 23 日

# 警察才是暴力之源

　　星期六的元朗遊行，人群填滿了整條大馬路，不少商舖關了門，仍然營業的老餅店卻其門如市。不少黑衣口罩年輕人經過，但商舖市民都不害怕，因為他們從來沒傷害過市民。商舖關門怕誰？大家心知肚明。

　　氣氛在防暴警察出現後急轉直下，突然向大馬路上的和平遊行發射催淚彈，然後激起了抗爭者的對峙。夜裏，抗爭者從元朗西鐵站離開，沒有破壞沒有騷擾市民，甚至還乖乖購票。一隊防暴警察衝進站內，不為拘捕，不為驅散，只是見人就打，一位沒戴口罩沒穿黑衣的大叔，在鏡頭前被打得頭破血流，在場的市民翌日致電電台說：根本和上星期日的白衣人沒分別！

　　星期日警察把申請元朗遊行的鍾健平先生拘捕，理由竟是莫須有的組織非法集結！坦白說在元朗遊行的朋友，有多少人知道鍾先生是誰？拘捕合法申請遊行的人，除了製造白色恐怖，還可以如何辯解？

星期日下午，香港島的遊行人潮分別向銅鑼灣和上環兩邊走。市民遊客眾多、商舖林立的銅鑼灣區，沒有半個防暴警察。只有中聯辦的上環方向則是千軍萬馬，警察服務極權多於服務人民的現實已昭然若揭吧。

　　沒有警察的灣仔銅鑼灣平安無事，警民對峙的上環戾氣沖天，警察才是肢體和制度的暴力之源。

　　後記：星期一香港要為六四屠夫李鵬下半旗，是在三十年未癒的六四傷口上洒鹽；卻恰巧雷暴金紫荊不能升旗，真是天意。

2019 年 7 月 31 日

# 離不開，回不了

因為早已預定的活動，要離港好幾天，本想逃避一下沉澱一下，最後還是離不開千里外的家。

星期一是真正的罷工，機場未能正常運作，各區都有大量原本應該上班的市民出席集會，然後警察已經習慣不由分說、不計多少地發射催淚彈、恫嚇市民、毆打黑衣人、毆打記者、縱容白衣人等等，都是平常事。知道早上會有林鄭的記者會，為免進一步影響情緒，決定不追看，過後亦證實明智，因為得知有朋友是看後氣得要即刻走上社區的街頭。

香港似乎已回不了頭。林鄭政府是鐵了心腸不再回應任何訴求，決定以警察無制約的武力，去處理市民對政府任何形式的不滿表達，包括武力衝擊、對峙，甚至只是街頭的聚集叫囂。當催淚彈、橡膠子彈等已不是中環西環的「專利」，它們已射進每個平靜的社區，迫使每一個香港人都要思考都要取態。

知道網絡平台和朋友圈子的圍爐效應，也知道另一方把衝擊政府的人同樣咒罵得厲害，深深抱怨抗爭者死咬政府不放，如今破壞了全港穩定。

　　面對撕裂的另一方，我只能說：我們的家香港，不應警察橫行權力無制約，也不應偏頗執法縱容黑勢力傷害異見者，更不該拒絕調查市民關注的事件真相。如果仍覺得為了穩定可以接受以上種種的話，其實跨過深圳河就是「樂土」，毋須申請毋須移民，但我城香港不應如此。

2019 年 8 月 7 日

# 美與醜

不能習慣說謊，即使有人對這些謊言早已不屑一顧。

說的是上星期六「反暴力、救香港」集會，在1萬7千平方米的添馬公園舉行，警方以前曾說過公園只能容納1萬7千人。當天，主辦者竟可厚顏無恥地公佈有47萬人出席，連警方都和應說有10萬8千。說一個輕易被識破的大話而面不改容，就是撐政府撐警察者的本質，政府和警察不覺得醜嗎？

星期日下午，人群逼爆19萬平方米的維園，按警方的邏輯，每平方米可以擠進10個人(當然不可能！)，維園應已有100萬人了！ 但他們只說最高峰時在維園內的人數是12萬8千，卻迴避了整天參與遊行集會的人數肯定遠超此數。連計算集會人數都滲進了政治考慮刻意扭曲，再說什麼都是醜。

最美麗的是香港人。集會開始不久，滂沱大雨下個不停，那12萬8千維園內的男女老幼，沒一個半途而廢。銅鑼灣天后要進入維園的人潮，塞滿了所有的道路，直至晚上。是的，大部份的路都堵了，因為大部份市民都在路上；即使是被堵的，也不忍怪責吧。看，人們都在大雨下鍥而不捨地

為堅持五大訴求而走出來，而且當緊急車輛如救護消防車需要通過，人群又自然地分紅海，沒一個傷病者嚴重延誤。多美麗的香港人。

夜裏，堵路的勇武的，都一一被市民勸退了，讓200萬人參與的和平非暴力流水式集會能從一而終。

美與醜，你選擇哪一面？

2019年8月21日

# 還去內地交流嗎

每年這個時候，除了準備開學，也要規劃全年交流考察活動。到中國內地的考察活動，可以休矣，至少今年，可能從此。

誰願意把自己的學生和共事的老師，置於危牆之下？

一個又一個身邊故事，一則又一則傳媒報道，香港人進入中國內地時，遭邊防人員查閱手機、強逼刪圖、扣查問話、扣留幾個甚至是十幾廿個小時。沒有公開的扣查對象，沒有透明的審查準則，你以為青年人是打擊對象嗎？有十二歲小孩也被扣查。你以為要阻嚇批評政府的異見嗎？建制組織的旅行團一樣有人被扣留。換部新手機、刪掉敏感相等等「預防」工作有用嗎？不保證。

極權不受監察無從追究，帶著一群被內地視為「高危」的年輕人過關，面對無法預測的邊檢執法，任何團員被扣留固然會延誤旅程，面對執法人員的戰戰兢兢，甚或是扣查威嚇帶來的心靈創傷，相信都不是負責任的學校所希望見到。行程前千叮萬囑學生進入內地後要謹言慎行、出發前要刪圖

去相，這些既扭曲人性，也教懂了學生中國是極權的做法，政府諸公想要嗎?

每天要過境上學上班的為了生活別無選擇，但內地考察交流在學習中的重要性有多大？是否要學生與老師冒不必要的風險?

教育局大大力「反對」罷課，如今內地交流考察活動把學生和老師置於完全不可預測的「過關」恐懼之中，教育局諸公又敢去大大力反對舉辦嗎?

2019 年 8 月 28 日

# 沉重的開學日

我們許多學生，這個暑假傷得很深。

他們突然發覺生活在一個令人惶恐、沒有安全感的世界。走在街上，只向警察報以一個目光，可以被搜袋搜身、甚或言語恐嚇。參與本應是公民權利的和平遊行示威，現在都要保護自己，戴上口罩，怕被起底，怕被濫捕。不論是被白衣刀手襲擊、還是被防暴警察毆打，都是求救追究無門。這些都不是他們一直所認識的家園。

開學日見到不少學生，都變得戒心高了和神經質了。面對成人時，即使是以前很熟絡的老師，都容易觸發不信任的情緒，縱使老師反覆解說與承諾，有些同學仍怕表達立場會惹來「秋後算賬」。這份隔閡像傷口初愈的厚痂，教人心疼。

就讓他們寫寫連儂牆，分享感受；也讓他們喊喊口號，抒發怒氣；再靜聽他們傾訴，縱使不一定能解得到家庭甚或是社會的死結。

但更請同學們原諒許多學校不易讓大家輕易地去罷課，一來是學校受託於家長照顧學生，難以未得家長同意就讓學生不去上課；二來是政府已下了「反對罷課」的立場，有些人會緊釘學校一舉一動想去騷擾學校騷擾學生。然而，誰真心關懷學生、誰努力在夾縫中維護學生的權利與自由，希望學生們見得到。

　　開學日不必說還校園平靜學習環境的廢話，年輕人的躁動是果不是因，一雙雙清澈的眼睛看得透誰在說謊、誰在濫權、誰在欺凌、誰葬送了和平法治安全的香港。

2019 年 9 月 4 日

# 不能習慣荒謬

因為戴了黑口罩,就要被警察打?
因為是年青人,就要被警察打?
因為在警察前跑動,就要被警察打?

因為在警察前跑動,又是年青人,又戴了黑口罩,就更要被警察用警棍狠狠地打? 更要被六七八個全副武裝的警察,以亂棍往後腦和後頸致命式的痛毆? 一個手無寸鐵也沒有任何頭盔裝備的中學生倒地了,還要被扭肩斷指?然後一眾甚至沒口罩沒裝備的路人,被警察推到牆邊舉手待查,再被「朱經武式」警棍亂打。

這就是9月7日晚大埔墟火車站發生的荒謬事!

這幾個月,荒謬事發生得太多,氣憤不了那麼多。許多人已選擇不要再看不想再氣憤,想喘息一下。

但警察每天在記者會巧言令色,全無歉意;年青人繼續被肆意濫捕濫控,明天後天受害的,難保不會是你我的學生、你我的子女?

明報在 2017 年 9 月 18 日的報道中指出，警察通例第 29 章列明了警察使用武力的守則，但這條卻一直沒有如其他通例般讓公眾查閱。明報當時取得了文本，當中列明「使用武力的原則是，所使用的武力必須是為達到目的而須使用的最低程度武力；達到目的後，須立即停止使用⋯⋯」

但過去幾個月，我們看到的情況，與通例的要求一致嗎？如果執法者沒有貫徹通例的要求，有人監察嗎？有人追究嗎？如果沒有，香港還有法治嗎？

沒有獨立調查委員會，沒有法治香港，只有荒謬香港。

2019 年 9 月 11 日

# 今天說實話都要勇氣

通識老師朋友早前在宗教期刊撰文，分享了如何與學生談反修例事件的看法。今天強權乖張，朋友又剛晉身高層諮議構架，仍敢於討論爭議，而不流於附和建制聲音，可見信仰能夠予人說實話的勇氣。

朋友長於價值觀教育研究，他指出若老師要在課堂中與學生討論如反修例事件的爭議性議題，應以重視基礎知識及事實陳述最為穩妥。如果進一步教授事件涉及的價值觀如社會公義等，因社會現今「分歧甚大」，又必涉及教師的立場表態，會為課堂帶來很大的張力。朋友理解的教師專業需要在政治表態上「中立」，但不是中間立場或是不表態，因為這仍會被視為一種立場。他認為「中立」應是尊重多元、包容差異的態度。

其實綜觀整份《香港教師專業守則》，從未提過教師需要政治中立，只是要求「教師與學生討論問題時，應盡量保持客觀，應鼓勵學生獨立思考作出理性的判斷」(2.2 第 13、14 條)。朋友定義的「中立」與此接近，而非當權者所述的迴避任何政治觀點在校園出現。

可惜，今天莫說是容讓不同觀點在課室出現，就算在課室陳述事實，都要面對壓力：有人可以把港台的時事節目，視為偏幫暴徒；以警察通例等基礎法律知識去評價警察的執法行為，當作抹黑警察。要講事實，要包容可能衝擊當權者的意見，老師都要有頂住歪理的勇氣。

2019 年 9 月 18 日

# 真獨裁 迎十一

十一前夕，沈旭輝教授在報章撰文談到「獨裁者2.0」：進化了的、毋須大動作的、但滲透力更強的獨裁。今日香港，完美示範。

沒有戒嚴令下的戒嚴。

有人十一準備在什麼地方進行集會遊行，港鐵就率先宣佈列車不在這些地區停站：下午已幾乎全部車站不停，各區頓成孤島。即使要和平示威遊行，要千辛萬苦來，亦無路可退。今日公營的港鐵，代獨裁政府執行實質的戒嚴，剝奪人民的合法和平集會的權利。

公關SHOW掩飾真軍管。

警察對警察通例、行動指引、人權法例等，已完全無視：向被捕者濫用私刑、向記者向市民施襲，率性莽為卻完全沒有後果。每天的記者會，警方沒認過半句錯，巧言令飾顛倒是非的解說，讓親政府傳媒廣泛報道，濫權真相就淹沒

在資訊的海洋。於是，獨裁者毋須赤裸實行備受壓力的軍管戒嚴，就能享受踐踏人權的實效。

無知方便管治，教育需要整治。

今天學校教育學生理性思考，要求以事實支持論點；教授法治精神在於保障人權而非單純以法規管。老師們在校園竭力疏導躁動的學生，聆聽年青人的聲音。建制諸公只會上綱上線叫嚷老師偏頗，卻除了闖進老師私人空間找到一兩句悔氣說話外，根本就毫無事實根據。然後執政當局就藉詞向老師施壓，並要審查通識教科書，製造寒蟬效應。

擱筆之時只是十一的下午，還有漫漫長夜。

2019 年 10 月 2 日

# 不再問責 沒有公僕

2003 年，時任財政司長梁錦松，因為在政府公佈增加首次登記稅前偷步買車，公開向市民道歉並鞠躬下台。時任保安局長葉劉淑儀，強推23條立法，引發50萬人上街反對，最後辭職下台。翌年，時任衛福局長楊永強，由於立法會委員會報告指其處理疫情失誤，因而問責下台。

2019 年，保安局長李家超強推逃犯修訂條例，觸發一百萬二百萬人上街，再引發警暴、民憤、制度崩壞，後患無窮，局長安然無恙，繼續賴皮。律政司長鄭若驊多個物業涉及僭建，卻不認不報不道歉，不問責不下台，繼續賴皮。政制及內地事務局長聶德權在施政報告宣佈提高首置按揭門檻前偷步買樓，有道歉但不問責。

十六年前，曾覺得官員失職連連，教人失望。今日回望，原來官員肯道歉肯問責肯下台，已經彷如神人。香港制度不斷倒退，官員急速腐朽，令人痛心。走進課室，如何解說「問責」，如何說明「問責局長」，真的無言。

如今為官為警倚仗武力靠攏威權，每天巧言令飾。一方面不滿抗爭者將刑事毀壞說成「裝修」，轉過頭卻將刺激性的有毒的催淚水淡化成「顏色水」。721 無辜市民元朗受襲竟叫人「不要糾纏向前看」，年輕人街頭走過卻濫捕濫控一個都不能少。四個月來政府只會譴責抗爭者的暴力，濫權施虐的執法者一個都沒有處分。香港人似乎再沒有公僕了。

2019 年 10 月 23 日

# 暴警治港

誰一出現，連普通市民都會心生寒意，避之則吉？

誰在鏡頭前向被捕者施虐，一個又一個被捕者被人壓頸壓胸拗腕臉頰磨地未審先判？還未計在鏡頭背後被毆被虐的。誰像發瘋癲狂歇斯底里地與市民、記者，甚至是消防員對罵，然後一言不合，拿手上的「合法武器」如警棍如胡椒毒劑去指嚇甚至去傷害他人？誰將可以殺人的槍口，指向手無寸鐵，只不過用言語指罵的市民？

誰將胡椒毒劑噴向手持鏡頭的記者，阻止大眾的眼睛看見真相？誰將本來用作驅散聚集群眾的催淚彈，當作子彈般使用，正面射向只得三兩個的市民街坊？誰將催淚彈射進民居，無視在家中在平台在走廊無辜居民的性命安危，肆意毒害？誰將催淚彈換成了高熱的燃燒彈，嚴重燒傷一個義務急救大學生？

誰死命追捕一個無口罩無裝備的大學生，令其失足墮樓，命懸一線？

蒙面執勤無編號無記認。
不跟通例指引沒有後果。
言語威嚇司長。
槍棍凌辱人民。
警暴如脫韁野馬無人能制。
沒有紀律的還算是紀律部隊嗎?

香港今天恍如大軍壓境,香港人尊嚴盡喪,和平上街集會的權利固然早被剝奪,連逛公園行商場也隨時被捕被襲。

不追究警暴,復和無從談起。

2019 年 11 月 6 日

# 活在恐懼之中

打開電視,最令人作嘔的廣告,就是政府那個「珍惜香港這個家」:誰把我們香港這個家傷至血肉模糊?正是製作這個虛偽宣傳的香港政府!

重看過去幾個月每周一篇的「周記」,心痛我城正在急速腐爛,一群喪心病狂又不受任何制約的魔鬼,正在吞噬我們的家人吞噬我們的家園。

周梓樂,不合常理地越過及胸的高牆,墮樓(甚至是否真的墮樓)頭部盤骨重創但四肢竟然無損,疑點重重的命案,連是否開死因裁判庭都要拖拖拉拉;然後事發停車場內的車主人間蒸發失去聯絡,除了領展的錄影片段,我們再看不到任何其他的錄影片段了。

星期日血洗又一城,鏡頭下一個又一個已被制服再無力還擊的,被亂棍狂毆至血流遍地,然後封閉商場關燈驅趕記者,神秘貨車進出商場,再一次出現如831打死人的疑團。

星期一真槍實彈在鏡頭下射向手無寸鐵年青人的身體，重傷的軀體還要被肆意拖拉。

　　還有數之不盡的離奇自殺與浮屍個案，沒有一宗送交死因裁判庭，甚至沒有一個家屬現過身，除了廣受關注的陳彥霖案，走出一位關心自己受滋擾多於女兒生死的所謂媽媽。

　　社會瀰漫著一份恐怖的氣氛：任何人都可以人間蒸發，任何人都可能死得不明不白，任何人只要被盯上了，可能是無路可逃。

　　哀我城變成魔鬼噬人的煉獄。

2019 年 11 月 13 日

# 要走更遠的路

從星期日到星期一，理工大學外如戰場，數以百計學生死守校園與軍警對抗，沒有談判沒有游說，只用不斷升級的武力，從催淚彈到橡膠子彈到真槍實彈，眼見被捕者即使在鏡頭下也被警察毒打，義務急救醫療人員被反綁雙手拘捕，甚至連曾試斡旋的前理大教授也被捕了，學生們只能退回校園。

可恨理大不是中大，校長發佈了「視頻」(這是理大校長較易明白的詞彙)呼籲後就消聲匿跡，繼續任由學生被暴警踐躪。

大學生的校長不理，中學生的校長們理。連好一些一直低調也少涉政治的校長，都站出來了，相信因為都有自己或是友校的學生在其中，不忍再見到年輕人的身心被摧殘。

然而，五個多月的傷害，令我們的新一代，對社會對「大人」極不信任充滿懷疑：有校長因曾參與政府公職而被質疑會否出賣學生，十八歲以下學生離開時需被警察抄錄個人資料的安排，又曾被指是引導學生自首。許多家長老師校

長，從晚上到凌晨，苦勸學生離開；學生們掙扎的不是被捕與否，反而是不願意向暴政低頭。

朋友苦勸學生離開的一席話，代表了不少人的心聲：

「走，不是背棄，是要為將來走更遠的路。莫執著一次成敗，我們香港人只要保持著同一顆心，將來仍然有希望。

你們為這個社會已付出很多很多，實在不願見你們再受傷害。」

2019 年 11 月 20 日

# 三百萬票換來一刻平靜

星期一晚在食店吃過晚飯，到櫃枱付錢時，收銀哥哥輕鬆地說今天全店九折，然後就在店外看到一張「熱烈慶祝」的告示，感到幾個月來少有的開懷。

全香港近三百萬選民，用和平理性的方式表達了對社會現況的看法。有人或會說不少區議員其實也有經驗有政績，最終卻被空降的政治素人擊敗，是否政治凌駕了民生？難道追求公義、民主與法治就不是「民生」？如果不少街坊都已無懼催淚彈上街對抗警暴，而所謂的議員卻仍然沉默甚至去撐警「止暴制亂」，又豈能怪責街坊以選票去懲罰你背棄民意？

許多論者作出提醒：承擔了議員的責任就要做好議會的工作，六個月來的問題，沒有因為區議會的易幟而就此解決，抗爭者仍身陷囹圄，殞逝者仍沉冤待雪，濫權者仍未「就地正法」，不能因為一時的勝利而沖昏了頭腦。

雖長路漫漫，仍感謝這個九折小確幸，讓大家來個大戰中的小休。

2019 年 11 月 27 日

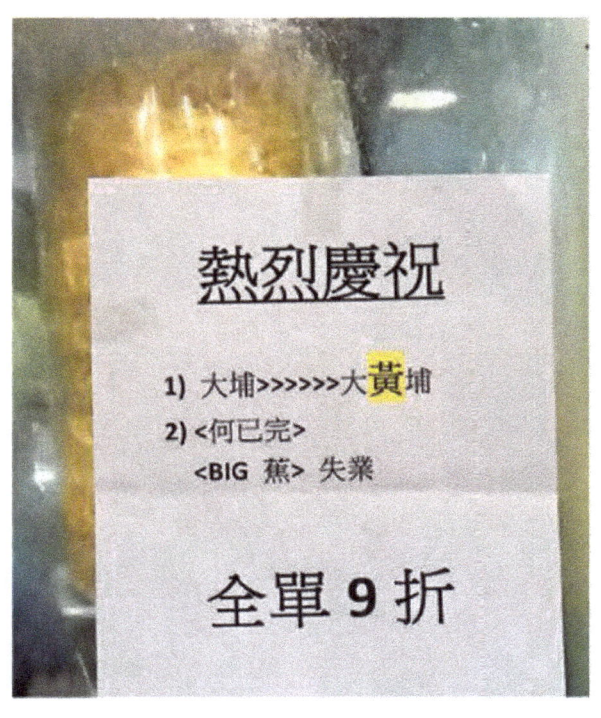

# 原本美麗的香港

今年十月，從外地回港，縱使帶着工作的疲乏，也想念家人，本應就是回家的感覺，但卻是像重回煉獄般踏上航機。

倦了，恍恍惚惚地睡着，迷糊之間航機已開始下降。

望看窗外，夕陽映照波光粼粼，幾顆翠綠小島浮現海上，認得出這就是孤懸東海岸的果洲群島，甚至看得見能蝕穿山岩的拍岸驚濤。然後，西貢大陸在機窗左方出現了：湛藍的萬宜水庫，大浪四灣長灘銀光閃閃，灣後是登峰遠眺的陡峭蚺蛇尖。山脊小徑上，竟見幾粒紅黃小點，難道是當天登山的自己？

近望赤徑黃石曲折內港如峽灣，遠看八仙嶺橫嶺黃竹角如獨臂守護人迹罕至的赤門海峽，吐露港兩岸卻已是重回人間，從村屋到高樓到縱橫交錯的公路，暮色中努力辨認自己的居處。

然後，航機鑽進了雲團：是的，大帽山上總有隨山勢上升而凝結的山嵐水氣。衝出雲團之時，又是另一片波光粼粼，如珠鏈玉帶的屯門公路繫於山與海之間，屯門的高樓被杯渡九逕兩山守護，毋負唐宋重鎮之名。

　　哪個城市能有香港豐富多姿的景色？香港，確是我們美麗的家。

　　除了山青水秀，也曾經是個可以說實話、可以討公道、可以免恐懼的桃花源。父母輩為逃避共黨暴政而來，讓我們有幸成長於一隅藍天碧海。

　　是誰令碧海也變，變作濁流滔天？

　　共黨暴政仍在，沒有桃花源。

2019 年 12 月 4 日

# 不應有禁歌

　　上次一百萬二百萬人遊行，是今年初夏，再一次百萬人上街，已是半年後的嚴冬，許多香港人渡過了人生最難過的六個月。

　　還記得八月中的周日大雨滂沱，許多人回家後還在面書上載自己的一雙「巢皮腳」；今天的遊行，大部份人都戴上口罩，甚至袋中有預防水炮車的雨衣，也不知路上哪裏有防暴挑釁，更不知何時再有遊行的機會，大家還有心情開玩笑嗎？

　　今天，遊行時街站播起了《願榮光歸香港》，成千上萬人的歌聲響徹，眾人高舉手掌張開五指，高呼「光復香港時代革命」，堅決雄亮而又帶點悲壯的聲音，在銅鑼灣高樓之間迴盪，聽得令人起雞皮疙瘩。這是過去幾次大遊行仍沒有的感覺：站出來的香港人，同心一致已到達另一個高度。身處其中的年輕人，如果回到學校卻收到教育局的信件，說不應在校內宣示政治立場包括唱歌等等，然後又以「讓同學可以在關愛洋溢的校園生活」作結，那將會是怎樣的滋味？明明是成千上萬人的讚歌、成千上萬人的口號，回到校園卻成了禁

忌成了叛逆，虛偽地說什麼關愛校園，真實是多麼的不知所謂，也只會令年輕人對成年人對當權者更加徹底失望。

如果政權以為大遊行完了，大眾就消了氣，會回過頭來與「暴徒」割蓆，那就實在天真，也少看一個個抗爭者的傷口甚至生命，給香港人的洗禮。

當一切沒發生過？可以嗎？

那麼，先讓我們唱歌吧。

2019 年 12 月 11 日

# 《返校》香港版

　　以台灣六十年代白色恐怖時代為背景的電影《返校》九月在台灣票房大賣，卻遲遲未有在香港上映，令人憂慮是否遇到政治審查。尚幸，十二月初終於安排在香港上映了，並且是與台灣完全一樣的版本，當然不能錯過。

　　電影的故事來自網上遊戲，網上遊戲以台灣極權統治年代的生活為背景，把今天活在民主社會衣食無憂的打機年輕人，帶回壓抑窒息極權殺人的白色恐怖年代，編寫遊戲的實在是有心人。

　　看著學生在軍警的淫威下低頭噤聲；扮作熱情投入地升國旗唱軍歌；老師學生只因想呼吸一口自由空氣，須以痛苦甚至性命作為代價；人性在極權下互相猜忌告密求生⋯⋯看著五十年前海峽彼岸的歷史，我城香港似是越走越近，大概正是不少年輕人邊看邊哭的原因。

　　我們不過想「平凡而自由地生活」吧。

老師們渡過了一個從未試過的繃緊而勞累的學期，以為一周多的聖誕新年假期可稍事休息，但教育局卻連續召開了兩個殺氣騰騰的記者會，發了一封威嚇學生要噤聲、恐嚇老師要停職的公開信，並宣佈了使用「不當教材」的老師已被停職、只在私人平台宣洩情感的老師已被警告，務求令大家的節日不能過得平安。

　　難道香港人竟要問：「人不是應該生而自由嗎？不就是看幾本書而已，為什麼會變成這樣子？」

　　《返校》給台灣人反思，卻給了香港人共鳴。

2019 年 12 月 25 日

# 新年，快樂？

年輕人信守了我一個重要的承諾，我也信守了一個輕鬆的約定：請他們晚飯。

他們聽過我的推薦，都去看了《返校》，有結伴齊看的，也有刻意一個人去看的，說希望更能靜心感受。他們說，都哭了，有的在看到「致自由」的信時，有的在片尾曲響起「請平凡而自由地生活吧」的時候。

他們都對劇中極權的殘暴及令人性扭曲而感受良多，但電影還是給了他們希望：三十多年後，台灣終究是民主化了。但是，他們又再問，香港會怎樣呢？政府根本就不會回應五大訴求，路，怎麼走下去？我是語塞了，雖強說了一些分析，其實是掩飾自己的無奈。

然後年輕人原來對劇中學校禮堂上高掛青天白日滿地紅旗及國父畫像有何比喻，並不掌握，也對台灣的民主化發展歷史所知不多。

2019 年，讓許多年輕人經歷了許多，也為香港的未來鋪墊了許多，但其實他們的身軀、心靈和知識仍很稚嫩，要承受這樣沉重的衝擊，實在太殘酷了。就如新聞報道提及九月初在大埔墟火車站被警察施襲的中六男生，因創傷後遺症而難以應考今年的文憑試，年輕人就告知他認識不少朋友也有類似的症狀，如經常會睡夢中驚醒，甚或長期失眠。尚幸他能應付得到，還笑說要努力考入「暴大」。

　　道別之時，只記著勉勵他們努力溫書考試，卻忘了祝福新年快樂。

　　新一年，會快樂嗎？

2020 年 1 月 1 日

# 跋

致挚友

# 英雄本色

許多許多年之前，我們還是年少氣盛壯志滿懷的年輕人。記得某次聚會酒酣之時，半醉的你拍着還算清醒的我的肩膀，豪情地訴說日後大家的方向。你說日後大家縱或踏上不同的軌道，但就要像漫畫《英雄本色》裏的北條和淺見，最終都要努力改變社會，殊途要同歸。當年的我根本就少看日本漫畫，豪哥 Mark 哥的《英雄本色》就看過，北條淺見是誰怎會知道？你真的很醉了。

你當然沒有成為黑社會，我差一點但最後也沒有從政，不過都尚算是守住了廿多年前曾對自己許下的承諾，不甘心營營役役庸庸碌碌度日。我在校園裏讓學生更關心社會，你在傳媒中為民發聲嫉惡如仇，或許改變了香港一點，可惜香港還是崩壞得比任何人想像得更快。

一直低調實幹的你，最後還是無可避免地站到了浪尖，見證着香港新聞自由的土崩瓦解，上周更因此被捕落案。在以言入罪未審先囚的今日香港，早已知道你心中忐忑，知道我們多少個擁抱都未能釋你愁懷，但也知道你已坦然面對。

雖然你我預料到這一天的到來，但當我們看到你被拘捕的消息，我們憤怒，我們落淚。

很遺憾未能到庭上看你，但知道許多舊友親臨，然後更多受你啟導感悟的同事後進分享前塵，又同時重整並堅守與你共事共處而來的信念。

你我的路並未走完，縱使今天身陷囹圄，或是浪迹天涯，仍一定要在自由民主的香港重聚。

2021 年 7 月 28 日

# 關於作者

　　1989 年，與同儕在太古橋留下了六四輓聯，覆述填補三十多年，最終字跡被強權抹去。

　　1995 年，在中學任教通識，二十多個寒暑，由選修到必修，最終停考殺科再被愛國課程取代。

　　2012 年，擔任香港教育專業人員協會理事，見證十年社會運動跌宕，最終香港最大工會被逼解散。

　　香港遺民。

www.ingramcontent.com/pod-product-compliance
Lightning Source LLC
Chambersburg PA
CBHW041148110526
44590CB00027B/4165